LO MEJOR DEL DEPORTE DE TODOS LOS TIEMPOS

G.O.A.T. EN EL BÉISBOL

BABE RUTH, MIKE TROUT Y MÁS

JON M. FISHMAN

ediciones Lerner ◆ Mineápolis

Título original: *Baseball's G.O.A.T.: Babe Ruth, Mike Trout, and More*

La traducción al español fue realizada por Zab Translation.

ediciones Lerner
Una división de Lerner Publishing Group, Inc.
241 First Avenue North
Mineápolis, MN 55401, EE. UU.

Si desea averiguar acerca de niveles de lectura y para obtener más información, favor consultar este título en www.lernerbooks.com.

Fuente del texto del cuerpo principal: Aptifer Sans LT Pro.
Fuente proporcionada por Linotype AG.

Library of Congress Cataloging-in-Publication Data

Names: Fishman, Jon M., author.
Title: G.O.A.T. en el béisbol : Babe Ruth, Mike Trout y más / Jon M. Fishman.
Other titles: Baseball's G.O.A.T. English
Description: Minnéapolis : ediciones Lerner, 2023. | Series: Lo mejor del deporte de todos los tiempos | Includes bibliographical references and index. | Audience: Ages 7–11 | Audience: Grades 4–6 | Summary: "Who are the greatest baseball players of all time? Explore the careers of players past and present in this fun, fact-filled book. Readers are invited to decide which players they consider to be the G.O.A.T. Now in Spanish!"— Provided by publisher.
Identifiers: LCCN 2022011927 (print) | LCCN 2022011928 (ebook) | ISBN 9781728477343 (library binding) | ISBN 9781728478135 (paperback) | ISBN 9781728480138 (ebook)
Subjects: LCSH: Baseball players—United States—Biography—Juvenile literature.
Classification: LCC GV865.A1 .F53518 2023 (print) | LCC GV865.A1 (ebook) | DDC 796.3570922 [B]—dc23/eng/20220418

LC record available at https://lccn.loc.gov/2022011927
LC ebook record available at https://lccn.loc.gov/2022011928

Fabricado en los Estados Unidos de América
2-1010464-50727-12/27/2023

CONTENIDO

Cincinnati Red Stockings de 1869 fue el primer equipo de béisbol profesional. Ganaron los 57 partidos que jugaron.

¡PRIMER LANZAMIENTO!

La organización Grandes Ligas de Béisbol (MLB) tiene grandes jugadores en todas las posiciones. Con tantos jugadores fantásticos, elegir al mejor es una tarea difícil. Cuando se piensa en los mejores de todos los tiempos (G.O.A.T., por sus siglas en inglés) en el béisbol, la tarea se vuelve aún más difícil.

DATOS DE INTERÉS

BARRY BONDS fue un bateador legendario. Pero también tenía un gran ojo en el plato. Sus 2558 bases por bolas son la mayor cantidad en la historia de las Grandes Ligas de Béisbol (MLB, por sus siglas en inglés).

TY COBB tenía 43 récords históricos de la MLB cuando se retiró del juego en 1928.

HANK AARON consiguió al menos 30 jonrones en una temporada 15 veces. Con 715 jonrones, mantuvo el récord profesional durante más de 30 años.

SATCHEL PAIGE fue elegido para jugar en dos Juegos de las Estrellas a pesar de no haber entrado en la MLB hasta los 41 años. A los 59 años, regresó a la MLB y lanzó tres entradas sin anotación.

Los primeros partidos de béisbol se jugaron hace unos 175 años. En 1869, los Cincinnati Red Stockings se convirtieron en el primer equipo profesional. El deporte era similar al juego moderno. Pero muchas reglas de la MLB cambiaron en el siglo XIX. Antes, los lanzadores tenían que lanzar por debajo de la mano, y las bases por bolas contaban como hits. La MLB no llevaba estadísticas precisas de los jugadores y los partidos.

Esto cambió a principios del siglo XX. Los directivos de la MLB consideran el año 1900 como el inicio de la era moderna del béisbol. La mayor parte de las reglas ya estaban establecidas para entonces. La MLB empezó a hacer un seguimiento minucioso de las estadísticas.

Sin embargo, este deporte cambió mucho desde los albores de la era moderna. En aquella época, los lanzadores lanzaban más entradas cada temporada. Eso les permitió acumular unas estadísticas asombrosas que tal vez nunca serán igualadas. Las estrellas modernas son más grandes y fuertes que nunca. Se mantienen en forma todo el año con una alimentación sana y programas de entrenamiento que las estrellas del pasado nunca tuvieron.

Cy Young acumuló 511 victorias en su carrera. Es un récord que quizá nunca se supere.

Jackie Robinson se desliza hacia el plato meta durante un partido de los Brooklyn Dodgers en 1948.

En 1947, Jackie Robinson se unió a los Dodgers de Brooklyn. Fue el primer jugador afroamericano de la era moderna. Durante más de 50 años, los afroamericanos y otras personas de color no podían acceder a la MLB. Algunos dicen que las estadísticas de la MLB anteriores a 1947 no son válidas porque la liga excluía a muchos de los mejores jugadores del mundo.

La historia del béisbol da a los aficionados mucho que pensar. A medida que leas sobre los jugadores en este libro, formarás tus propias opiniones sobre ellos. Te preguntarás por qué algunos jugadores no están incluidos. Tal vez no estés de acuerdo con el orden de los jugadores. Las opiniones sobre el béisbol pueden ser tan diversas como los jugadores que hacen grande este deporte.

N.º 10

MIKE TROUT

La mayoría de los mejores del béisbol de todos los tiempos disfrutaron de largas carreras. Recogieron hits, victorias y otras estadísticas durante muchos años. Mike Trout acaba de empezar, pero ya es uno de los mejores de todos los tiempos. Ganó el Premio al Novato del Año con Los Angeles Angels tras la temporada 2012. Desde entonces, mejoró aún más.

Trout juega en el centro del campo. Con tanto campo que cubrir, es una de las posiciones más exigentes del béisbol. Corre por el campo para seguir las bolas. Se zambulle para hacer capturas y salta por encima del muro del jardín para evitar jonrones. Pero Trout es más conocido por sus habilidades de bateo. Consiguió al menos 27 jonrones en cada temporada completa que jugó. Debido a su alto promedio de bateo y a su capacidad de hacer bases por bolas, a menudo está en la base. Y cuando llega a la base, su velocidad cegadora lo ayuda a anotar.

ESTADÍSTICAS DE MIKE TROUT

- Fue elegido para jugar en siete Juegos de las Estrellas.
- Ganó el premio al Jugador Más Valioso (MVP, por sus siglas en inglés) del Juego de las Estrellas en 2014 y 2015.
- Ganó el premio Bate de Plata en cinco ocasiones
- Lideró la MLB en carreras anotadas en tres de sus primeras cinco temporadas completas.
- Ganó el premio MVP de la Liga Americana (AL, por sus siglas en inglés) en 2014 y 2016.

N.° 9

STAN MUSIAL

Desde Rogers Hornsby hasta Albert Pujols, los St. Louis Cardinals han tenido innumerables grandes jugadores. Ninguno fue mejor que Stan Musial. Comenzó su carrera en 1938 como lanzador. Luego, una lesión en el hombro lo obligó a cambiar al jardín. La lesión resultó ser algo bueno para Musial y los Cardinals.

No parecía un gran bateador. Musial a menudo parecía desequilibrado en el plato. Pero sus resultados como bateador fueron especiales. Musial condujo a los Cardinals a obtener los títulos de la Serie Mundial en 1942 y 1944. En 1945, se alistó en la Marina estadounidense durante la Segunda Guerra Mundial (1939-1945). Volvió al campo de béisbol en 1946 para ayudar a los Cardinals a ganar su tercera Serie Mundial en cinco temporadas. Cuando se retiró en 1963, sus 3,630 hits eran la mayor cantidad en la historia de la Liga Nacional (NL, por sus siglas en inglés).

ESTADÍSTICAS DE STAN MUSIAL

- Fue elegido para jugar en 24 Juegos de las Estrellas.
- Encabezó la NL en promedio de bateo siete veces.
- Encabezó la NL en hits seis veces.
- Encabezó la NL en carreras anotadas en cinco ocasiones.
- Ganó el premio MVP de la NL en tres ocasiones.

N.º 8

ROGER CLEMENS

Pocos lanzadores han dominado el juego de forma tan completa como Roger Clemens. Su apodo era "The Rocket" ("el Cohete") por la impactante velocidad de sus bolas rápidas. El lanzamiento relámpago lo ayudó a ganar nueve partidos como novato con los Boston Red Sox en 1984. Dos años después, ganó el premio Cy Young de la AL. El premio se otorga cada año al mejor lanzador

de cada liga. Clemens ganó el premio siete veces en su carrera, dos veces más que cualquier otro jugador. Sus 4672 ponches en su carrera son la tercera mayor cantidad en la historia de la MLB.

Clemens es uno de los jugadores más polémicos del béisbol. Sus estadísticas demuestran que merece un lugar de honor con los mejores de todos los tiempos. Pero algunas personas dicen que usó drogas llamadas esteroides para hacerse más fuerte. Esa es una de las razones por las que, aunque se retiró en 2007, Clemens no es miembro del Salón de la Fama del Béisbol.

ESTADÍSTICAS DE ROGER CLEMENS

- Fue elegido para jugar en 11 Juegos de las Estrellas.
- Fue líder de la AL en victorias en cuatro ocasiones.
- Ganó el premio MVP de la AL en 1986.
- Ganó la Triple Corona de Lanzamiento de la AL en 1997 y 1998.
- Lideró su liga en promedio de carreras ganadas (ERA, por sus siglas en inglés) siete veces.

N.º 7

SATCHEL PAIGE

Las personas de color estaban prohibidas en la MLB antes de 1947. Pero aun así jugaban al béisbol profesional. Las Ligas Negras fueron ligas profesionales que prosperaron a principios del siglo XX. Los equipos viajaban por todo el país y contaban con algunos de los mejores talentos del béisbol mundial. Quizás el mejor de ellos fue el lanzador Satchel Paige.

Las Ligas Negras no solían registrar las estadísticas, por lo que muchas de las hazañas de Paige se mantuvieron vivas en las historias. Lanzó en cientos de partidos cada año para diferentes equipos. Su lanzamiento con pierna elevada distraía a los bateadores antes de que la bola pasara zumbando. A mediados de la temporada de 1948, Paige consiguió su primer trabajo en la MLB. Tenía 41 años cuando se incorporó a los Cleveland Indians. Paige tuvo un récord de 6-1 y ayudó a los Indians a ganar la Serie Mundial. A los 59 años, regresó a la MLB y lanzó tres entradas sin anotación para los Kansas City Athletics.

ESTADÍSTICAS DE SATCHEL PAIGE

- Fue elegido para jugar en dos Juegos de las Estrellas a pesar de no haber entrado en la MLB hasta los 41 años.
- Fue el jugador más viejo de la AL durante cinco temporadas.
- Jugó 40 temporadas de béisbol profesional.
- Fue el primer lanzador afroamericano que jugó en las Series Mundiales.
- Fue el primer jugador que pasó la mayor parte de su carrera en las Ligas Negras en ingresar en el Salón de la Fama del Béisbol.

N.° 6

HANK AARON

Hank Aaron siguió los pasos de Jackie Robinson y Satchel Paige. Aaron comenzó su carrera como adolescente en las Ligas Negras. En abril de 1954, se unió a los Milwaukee Braves de la LN. Diez días más tarde, logró su primer jonrón en la MLB. La explosión marcó el inicio de una de las carreras más poderosas de la historia del béisbol.

Era casi imposible que un lanzador lanzara una bola rápida que superara a Aaron. Sus fuertes manos y muñecas le dieron un golpe rápido como un rayo. Lo utilizó para lanzar una bola tras otra fuera del parque para conseguir jonrones. En 23 temporadas en la MLB, Aaron acumuló unas estadísticas increíbles. Sus 2297 carreras impulsadas (RBI, por sus siglas en inglés) son la mayor cantidad de la historia. El 8 de abril de 1974, Aaron envió una pelota por encima de la valla del jardín. Sus 715º jonrón son el mayor número de jonrones de un jugador en la historia del béisbol. Aaron mantuvo el récord de jonrones en su carrera durante más de 30 años.

ESTADÍSTICAS DE HANK AARON

- Fue elegido para participar en 25 Juegos de las Estrellas.
- En 1957, ganó el premio MVP de la NL y ayudó a los Braves a ganar la Serie Mundial.
- Encabezó la NL en cuatro ocasiones.
- Encabezó la NL en carreras anotadas en tres ocasiones.
- Logró al menos 30 jonrones en una temporada 15 veces.

N.º 5

TED WILLIAMS

Ted Williams quería ser el mejor bateador de todos los tiempos. Algunos dicen que alcanzó ese objetivo. Williams se centró tanto en el bateo que no pasó mucho tiempo practicando su defensa en el jardín. Pero lo que le faltaba en el campo, lo compensaba en el plato.

Ningún bateador podía seguir una bola de la mano del lanzador mejor que Williams. Sabía exactamente dónde estaba la zona de strike y hacia dónde iba la pelota. Si no era un buen lanzamiento para golpear, Williams no lo golpeaba Se nota en sus estadísticas. Su promedio de bateo de 0,344 es el séptimo de todos los tiempos. El porcentaje de bases de su carrera, de 0,481, es el mejor de la historia. Es uno de los siete jugadores de la era moderna que ha conseguido un promedio de 400 puntos en una temporada. Y lo hizo a pesar de perderse casi cinco temporadas para servir en el ejército estadounidense en tiempos de guerra.

ESTADÍSTICAS DE TED WILLIAMS

- Fue elegido para jugar en 19 Juegos de las Estrellas.
- Encabezó la AL en promedio de bateo siete veces.
- Ganó el premio MVP de la AL en 1946 y 1949.
- Ganó la Triple Corona de Bateo de la AL en 1942 y 1947.
- Lideró la AL en carreras anotadas seis veces.

N.° 4

TY COBB

Ty Cobb era duro. Jugaba al béisbol como si estuviera enfadado y tenía pocos amigos en el campo. Incluso sus propios compañeros de equipo desconfiaban del temperamento ardiente de Cobb. Sin embargo, también jugaba con la pasión y la destreza que lo convirtieron en una leyenda.

La carrera de Cobb comenzó con los Detroit Tigers en 1905. Pasó 22 temporadas con los Tigers antes de terminar su carrera con los Philadelphia Athletics. Cobb se ganó la reputación de ser uno de los mejores del juego. Podía hacerlo todo. Bateaba para la media y la potencia. Robó 897 bases en su carrera, la cuarta mayor cantidad de la historia. Su posición habitual era en los jardines. También jugaba en el cuadro interior y hasta lanzaba. Cobb no era más fuerte ni más rápido que otros jugadores. Pero era inteligente y nadie se esforzaba más. Se retiró del béisbol profesional en 1928. Cuando dejó el juego, tenía 43 récords históricos de la MLB.

ESTADÍSTICAS DE TY COBB

- Encabezó la AL en carreras anotadas en cinco ocasiones.
- Encabezó la AL en el porcentaje de bases siete veces.
- Ganó el premio MVP de la AL en 1911.
- Ganó la Triple Corona de Bateo de la AL en 1909.
- Encabezó la AL en promedio de bateo 12 veces.

N.º 3

BARRY BONDS

Como muchos otros grandes jugadores, Barry Bonds fue una estrella al bate y con su guante. Era un excelente defensor en el jardín. Bateó para un alto promedio y sacó bases por bolas a un ritmo récord. Y puede haber sido el bateador más peligroso de todos los tiempos.

Bonds promedió 25 jonrones en siete temporadas con los Pittsburgh Pirates. Luego, se unió a los Giants de San Francisco en 1993 y llevó su bateo a otro nivel. Conectó al menos 33 jonrones en cada una de sus primeras 12 temporadas en San Francisco. En 2001, bateó 73 jonrones. La mayor cantidad en una temporada. Sus 762 jonrones en su carrera superan el récord histórico de Hank Aaron.

Es posible que Bonds y otros jugadores de su época hayan utilizado esteroides para mejorar su rendimiento. Dice que nunca los tomó a sabiendas. Lo cierto es que el béisbol nunca había visto a un jugador rendir como a Bonds.

ESTADÍSTICAS DE BARRY BONDS

- Fue elegido para jugar en 14 Juegos de las Estrellas.
- Ganó el premio MVP de la NL en siete ocasiones.
- Las 2,558 bases por bolas de su carrera son la mayor cantidad en la historia del béisbol.
- Ganó el premio Bate de Plata 12 veces.
- Encabezó la NL en el porcentaje de bases 10 veces.

N.° 2

WILLIE MAYS

Ningún jugador combinó mejor el bateo y el juego de campo que Willie Mays. Comenzó su carrera profesional en las Ligas Negras a los 16 años. Cuatro años más tarde, se incorporó a los New York Giants y ganó el Premio al Novato del Año. Pasó la mayor parte de las temporadas de 1952 y 1953 en el ejército estadounidense. Luego, volvió a la MLB en 1954 y ayudó a los Giants a ganar la Serie Mundial. Su atrapada por encima del hombro en el primer

partido de la serie es una de las jugadas más famosas de la historia del béisbol.

Mays atrapó más de 7000 bolas en el jardín durante su carrera. Algunas fueron fáciles. Muchas otras tuvo que correr para alcanzarlas. En otras, tuvo que lanzarse o saltar, robando golpes a los bateadores y poniendo al público de pie. Hizo sencillos y jonrones. Robó bases e hizo bases por bolas. Y lo hizo con una alegría por el juego que contagió a los aficionados y a los compañeros de equipo.

ESTADÍSTICAS DE WILLIE MAYS

- Fue elegido para jugar en 24 Juegos de las Estrellas.
- Ganó el premio MVP del Juego de las Estrellas en 1963 y 1968.
- Ganó 12 Premios Guante de Oro.
- Ganó el premio MVP de la NL en 1954 y 1965.
- Sus 660 jonrones fueron la segunda mayor cantidad de todos los tiempos cuando se retiró.

N.° 1

BABE RUTH

Babe Ruth se adelantó a su tiempo. Fue lanzador de los Boston Red Sox de 1914 a 1919. Estableció un récord al lanzar casi 30 entradas en la Serie Mundial sin ceder una carrera. Sus 29 jonrones en 1919 también establecieron un récord en la MLB. Después, los Red Sox vendieron a Ruth a los New York Yankees.

Los Yankees vieron que Ruth tenía más poder en su bate que en su brazo. Lo trasladaron al jardín, donde se convirtió en el jugador más dominante de la historia del béisbol. Ruth jugó durante una época en la que los jonrones no eran comunes. Él se encargó de cambiar eso. Rompió su propio récord de jonrones en 1920 y de nuevo en 1921. En 1927, logró 60 jonrones. Eso significó más jonrones que otros 12 equipos en todo el año. Se retiró en 1935 con 714 jonrones, un récord que se mantuvo durante casi 40 años.

ESTADÍSTICAS DE BABE RUTH

- Encabezó la AL en jonrones 12 veces.
- Encabezó la AL en el porcentaje de bases 10 veces.
- Lideró la AL en carreras ocho veces.
- Fue miembro de siete ganadores de la Serie Mundial.
- Encabezó la AL en bases por bolas 11 veces.

TU G.O.A.T.

DESPUÉS DE LEER SOBRE ALGUNOS DE LOS MEJORES JUGADORES DE BÉISBOL, ¿CAMBIASTE TU OPINIÓN? Si es así, puedes hacer tu propia lista de los 10 mejores. Empieza leyendo sobre los jugadores de béisbol del pasado y del presente. Consulta los libros y sitios web que aparecen en la página 31. ¿Tienes amigos o familiares a los que les guste el béisbol? Averigua qué opinan ellos. Tal vez tus bibliotecarios o profesores puedan indicarte más información sobre el béisbol.

Haz tu lista personal de los 10 mejores jugadores de béisbol. Pide a un amigo que también haga una. Luego, miren si tienen los mismos jugadores en sus listas. Lo más probable es que no sea así. ¡Hablen y trata de convencer a tu amigo de que tu lista es la de los verdaderos **G.O.A.T.!** Se pueden escribir muchas listas de los 10 mejores del béisbol. ¿Quiénes son los mejores lanzadores? ¿Quiénes han hecho los jonrones más emocionantes? Tú decides.

DATOS SOBRE EL BÉISBOL

- El primer Juego de las Estrellas de la MLB tuvo lugar en 1933. Se diseñó para atraer a los aficionados a los partidos de béisbol durante la Gran Depresión (1929-1942), una época en la que los bancos quebraron y muchas personas perdieron sus empleos.
- El lanzador Jim Abbott nació sin mano derecha. Lanzaba la bola con la mano izquierda y se ponía rápidamente el guante por si el bateador golpeaba la pelota en su dirección. El 4 de septiembre de 1993, Abbott lanzó para los New York Yankees contra los Cleveland Indians. Lanzó nueve entradas sin conceder un hit.
- Cal Ripken Jr. comenzó en el puesto de campocorto para los Baltimore Orioles el 30 de mayo de 1982. No se perdió ningún partido hasta el 20 de septiembre de 1998. Fueron 2632 partidos seguidos, la mayor cantidad en la historia de la MLB.
- La primera Serie Mundial fue en 1903. Los New York Yankees ganaron la serie 27 veces. Ningún otro equipo lo ganó más de 11 veces.

GLOSARIO

base por bolas: cuatro lanzamientos fuera de la zona de *strike* que permiten al bateador tomar la primera base

bola rápida: un lanzamiento lo más rápido posible

carreras impulsadas (RBI, por sus siglas en inglés): una carrera impulsada por un bateador

esteroide: compuesto químico que incluye hormonas para promover el crecimiento muscular

jardín central: el área en el medio del jardín

novato: jugador de primer año

porcentaje de bases: la tasa de llegada a las bases de un jugador por cada aparición en el plato

Premio Bate de Plata: premio anual que se otorga al mejor jugador ofensivo en cada posición

promedio de bateo: índice de aciertos por tiempo al bate

promedio de carreras ganadas (ERA, por sus siglas en inglés): el índice de carreras ganadas permitidas por cada nueve entradas lanzadas

Triple Corona: título otorgado a un lanzador que lidera la liga en victorias, ponches y ERA permitidos. En el caso de los bateadores, las estadísticas son jonrones, promedio de bateo y carreras impulsadas.

MÁS INFORMACIÓN

FanFest del Juego de las Estrellas de la MLB
https://www.mlb.com/es/all-star

MLB.com/Kids
https://www.mlb.com/fans/kids

Monson, James. *Behind the Scenes Baseball.* Mineápolis: Lerner Publications, 2020.

Savage, Jeff. *Baseball Super Stats.* Mineápolis: Lerner Publications, 2018.

Sports Illustrated Kids—Baseball
https://www.sikids.com/baseball

Williams, Doug. *Baseball Season Ticket: The Ultimate Fan Guide.* Mendota Heights, MN: Press Box Books, 2019.

ÍNDICE

CRÉDITOS POR LAS FOTOGRAFÍAS

Créditos de las imágenes: Wikimedia Commons (dominio público), p. 4; Library of Congress (LC-DIG-ppmsca-18584), p. 6; Afro American Newspapers/Gado/Getty Images, p. 7; John Cordes/Icon Sportswire/Getty Images, p. 8; Dan Sanger/Icon Sportswire/Getty Images, p. 9 (arriba); Jayne Kamin-Oncea/Getty Images, p. 9 (abajo); Bettmann/Getty Images, pp. 10, 11 (arriba), 14, 17, 18, 19 (arriba), 20; Focus on Sport/Getty Images, pp. 11 (abajo), 13; Linda Cataffo/New York Daily News Archive/Getty Images, p. 12; The Granger Collection, New York, p. 15 (arriba); George Silk/The LIFE Picture Collection/Getty Images, p. 15 (abajo); AP Photo, p. 16; Sporting News/Getty Images, p. 17 (arriba); Diamond Images/Getty Images, pp. 19 (abajo), 25 (arriba); Library of Congress (LC-DIG-npcc-11955), p. 21 (arriba); Jed Jacobsohn/Getty Images, p. 22; John Capella/Sports Imagery/Getty Images, p. 23 (arriba); Ezra Shaw/Getty Images, p. 23 (abajo); Louis Requena/Major League Baseball/Getty Images, p. 24; Ralph Morse/The LIFE Picture Collection/Getty Images, p. 25 (abajo); Mark Rucker/Transcendental Graphics/Getty Images, p. 26; George Rinhart/Corbis Historical/Getty Images, p. 27 (arriba); Paul Thompson/Wikimedia Commons (dominio público), p. 27 (abajo); Dan Thornberg/EyeEm Premium/Getty Images, p. 28. Elementos de diseño: Eugene Onischenko/Shutterstock.com; Iscatel/Shutterstock.com; conrado/Shutterstock.com; DinoZ/Shutterstock.com.

Portada: Mark Cunningham/Getty Images (Mike Trout); Blank Archives/Getty Images (Babe Ruth); Eugene Onischenko/Shutterstock.com (fondo del estadio); Iscatel/Shutterstock.com (elemento de diseño).